INQUEBRANTABLE

Memorias de un Corazón que ama y Cree

Fiory Cruz

© 2025 Fiory Cruz
Todos los derechos reservados.
Registrado en la U.S. Copyright Office.
ISBN: _979-8-9935179-0-2_____

Dedicatoria

A mi madre, cuyo amor sigue siendo mi raíz y mi fuerza;
a mi padre, por su ejemplo de constancia y fe;
a mis hermanos, por caminar conmigo en cada etapa de la vida;
a mi esposo, mi compañero fiel, por sostenerme aun cuando mi corazón temblaba;
y a Dios, Fuente de Toda Gracia, porque sin El nada de esto habría Sido possible

DEDICATION

To my mother,
whose absence is felt in every sunrise,

yet whose love remains alive in every step I take.

To my father and my eight siblings,
for being my roots, my strength, and my shelter.

To my cousins, friends, and companions along the journey,
who walked with me through seasons of light and seasons of shadow to every woman who has loved, lost, believed, and risen again. This book is ours.
It is for you— for your soul, your story, and for the certainty that God is still working,
even when we do not understand.

ÍNDICE

Introducción

Capítulo 1 – Cuando el alma grita en silencio

Capítulo 2 – Cartas al alma

Capítulo 3 – Entre heridas y silencios

Capítulo 4 – Cuando el amor duele

Capítulo 5 – Esperanza en medio del desierto

Capítulo 6 – Lágrimas que sanan

Capítulo 7 – La fuerza del perdón

Capítulo 8 – Restauración en Cristo

Capítulo 9 – Aprendiendo a amar de nuevo

Capítulo 10 – Inquebrantable

Oración

Mi Gran Oportunidad

Epílogo

Álbum de gratitud

Sección Premium

Introducción

Aquí encontrarás pedazos de mí, sí, pero restaurados por las manos del Alfarero. Mis remembranzas han sido perfumadas con la oración, y mi voz ha sido sostenida por la Roca que no se mueve. Este libro es para ti, que anhelas redención, que buscas entender el amor de Dios desde lo humano, que deseas sentirte acompañado en tu dolor.

Que cada línea despierte en ti el anhelo por conocer más al Dios que transforma las cenizas en belleza, y que este viaje compartido sea una invitación a mirar hacia arriba, con fe, con ternura, con verdad. Si este libro toca tu alma, que sea porque el Espíritu Santo te habló entre líneas. Si encuentras consuelo, que sea porque la Palabra viva se hizo presente. Si sientes lágrimas que sean las que sanan y limpian. Bienvenida a este viaje. Acompáñame con el corazón abierto, pero los ojos puestos en Cristo. "Él sana a los quebrantados de corazón, y venda sus heridas." (Salmos 147:3 RVR1960).

Capitulo 1- Cuando el alma grita en silencio

La traición duele. El desprecio duele. Pero aprendí que la gracia de Dios consuela, repara y reconstruye. Ya no necesito venganza. No necesito validación humana. He encontrado todo lo que necesito en Cristo, y en Él lo tengo todo.

En mi humanidad fallé, me desbordé, lloré por quienes tal vez ni siquiera pensaron en mí. Pero aun así, el Señor nunca se apartó. Me observó con misericordia, esperó pacientemente mi rendición y, con Su gracia, me levantó. Hoy sé con certeza que Él es experto en restaurar lo irreparable. Yo soy testigo.

Capítulo 2- Cartas al alma

Cada palabra escrita llevaba consigo un suspiro, una súplica, un reclamo y, a veces, un destello de esperanza. No eran cartas para ser leídas por los ojos humanos, sino gritos silenciosos dirigidos al cielo.

"El Señor está cercano a los quebrantados de corazón; y salva a los contritos de espíritu." (Salmos 34:18 RVR1960)

Capítulo 3 – Entre heridas y silencios

El silencio a veces grita más fuerte que cualquier palabra. Las heridas invisibles son las más profundas. En medio de esos silencios descubrí que Dios no calla cuando nuestro corazón se rompe.

"Venid a mí todos los que estáis trabajados y cargados, y yo os haré descansar." (Mateo 11:28 RVR1960)

Capítulo 4— Cuando el amor duele

El amor, que debería ser refugio, a veces se convierte en herida. Pero aprendí que el único amor que nunca falla es el de Cristo.

"Con amor eterno te he amado; por tanto, te prolongué mi misericordia." (Jeremías 31:3 RVR1960)

Capitulo 5– Esperanza en medio del desierto

El desierto es el tiempo en que todo parece seco, pero allí aprendí que el Dios que permite el desierto es el mismo que hace brotar agua de la roca.
"He aquí que yo hago cosa nueva; pronto saldrá a luz... Otra vez abriré camino en el desierto, y ríos en la soledad." (Isaías 43:19 RVR1960)

Capitulo 6 – Lágrimas que Sanan

Cada lágrima cayó como semilla, y aunque no lo vi de inmediato, el Señor las recogió una por una.
"Los que sembraron con lágrimas, con regocijo segarán."
(Salmos 126:5 RVR1960)

Capítulo 7 – La fuerza del perdón

Perdonar no es justificar, es liberarme. Aprendí que el perdón no es un sentimiento, es una decisión.
"Sed benignos unos con otros, misericordiosos, perdonándoos unos a otros, como Dios también os perdonó a vosotros en Cristo." (Efesios 4:32 RVR1960)

Capítulo 8 – Restauración en Cristo

Cuando creí que estaba rota sin remedio, descubrí que Cristo no pone parches: Él hace todo nuevo.
"Si alguno está en Cristo, nueva criatura es; las cosas viejas pasaron; he aquí todas son hechas nuevas." (2 Corintios 5:17 RVR1960)

Capítulo 9 – Aprendiendo a Amar de nuevo

Después del dolor pensé que no volvería a abrir mi corazón, pero el amor de Dios me enseñó a confiar otra vez.
"En el amor no hay temor, sino que el perfecto amor echa fuera el temor." (1 Juan 4:18 RVR1960)

Capítulo 10 – Inquebrantable

Soy inquebrantable porque me apoyé en la Roca y aprendí a levantar mis manos en medio del quebranto.
"Todo lo puedo en Cristo que me fortalece." (Filipenses 4:13 RVR1960)

Mi Gran Oportunidad

 Senti que mi vida se apagaba, y mi corazón se aferró a la esperanza y al futuro que solo Cristo promete.
En medio de la fragilidad, lo único que me atraía era la luz de la esperanza en la eternidad con Jesús.
Ese diálogo silencioso con Dios me recordó que aun cuando mis fuerzas se extinguen, Su amor permanece.

Oración por sabiduría, fortaleza y discernimiento

Señor, dame la sabiduría para tomar decisiones correctas, la fortaleza para resistir las pruebas y el discernimiento para reconocer lo verdadero de lo falso. Hazme tuya cada día, y que mi vida sea un reflejo de tu amor.

Epílogo

Hoy cierro estas páginas, pero no cierro mi corazón para ti, mi lector amado por Dios. Mi deseo es que cada herida compartida aquí sea un reflejo de tus propias batallas y, sobre todo, un recordatorio de que Dios sigue restaurándonos.

Te dejo con esta certeza: eres amado, eres sostenido, eres inquebrantable en las manos de tu Creador.

"El Dios de toda gracia, que nos llamó a su gloria eterna en Jesucristo, después que hayáis padecido un poco de tiempo, él mismo os perfeccione, afirme, fortalezca y establezca." (1 Pedro 5:10 RVR1960)

Álbum de gratitud

Le agradezco a Dios haberme permitido conocer Su grandeza a través de paisajes y caminos. Cada lugar, cada paso, cada memoria es testimonio de Su fidelidad.

"Mi oración más grande es que, mientras lees estas palabras, sientas que no estás solo. Que sepas que todo corazón roto puede volverse inquebrantable cuando se entrega a la gracia de Cristo."

SECCIÓN PREMIUM

PALABRAS AL CORAZÓN

A veces el corazón guarda silencios que pesan más que cualquier palabra. Silencios que duelen, silencios que sanan, silencios que Dios transforma cuando uno se atreve a abrir lo más profundo de su ser.

Esta sección nace de allí… de ese lugar íntimo donde brotan las oraciones que nunca dijimos en voz alta, las lágrimas que solo Dios vio y las esperanzas que Él sostuvo cuando nuestras fuerzas se agotaron. A ti, mujer que has llegado hasta estas páginas: no estás sola. Si este libro tocó tu vida, es porque el Espíritu Santo caminó contigo capítulo tras capítulo, mostrándote que la fragilidad no es derrota; es puerta a la gracia. Mi deseo es que, al leer estas Palabras al Corazón, sientas a Dios abrazarte en tu proceso, iluminar tus momentos oscuros y recordarte que nada de lo que pasaste se perdió en vano.
Cada herida fue terreno fértil para un milagro.
Cada lágrima regó una semilla de esperanza.
Cada caída te levantó más fuerte. Hoy te entrego estas líneas como quien abre lo más profundo del corazón… con suavidad, con verdad y con la certeza de que Dios sigue escribiendo tu historia. Porque tú, igual que yo, también eres inquebrantable en las manos del Creador.

REFLEXIONES PARA SANAR

Sanar no siempre significa olvidar; a veces significa aprender a mirar el pasado sin que te rompa por dentro. Dios no borra los recuerdos; Él los redime, los transforma y les da un propósito nuevo. Lo que un día te hirió hoy puede convertirse en el testimonio que sostenga a otra mujer que camina por el mismo valle. Cuando te detengas a reflexionar sobre tu vida, hazlo desde la gracia y no desde la culpa La culpa te ata al ayer; la gracia te impulsa hacia el mañana.

La culpa te señala lo que perdiste; la gracia te recuerda lo que Dios puede restaurar.

La culpa te hunde; la gracia te levanta. Permite que tu corazón sea un lugar donde Dios haga habitación. Entrégale tus miedos, tus dudas, tu cansancio, tus lágrimas y tus silencios. Él no se escandaliza de tu fragilidad; Él la conoce mejor que tú.

Y aun así te llama amada, escogida, sostenida. Cada día es una oportunidad de sanar un poco más.

No fuerces el proceso, no aceleres lo que toma tiempo, no camines sola. Dios camina contigo, sostiene tus pasos y fortalece tu fe incluso cuando sientes que no puedes más. Que estas Reflexiones para Sanar te recuerden esto: la herida no define tu destino; la gracia sí. Y donde tú ves ruinas… Dios ve un comienzo.

Allí, en lo profundo del corazón, Él hace nuevas todas las cosas.

BAJO LA SOMBRA DE SU GRACIA
Homenaje a mi Madre

Hay lugares del corazón donde solo Dios puede entrar. Espacios que nadie más entiende; heridas que nadie más ve; pensamientos que jamás dijimos en voz alta… y aun así Él los conoce uno por uno. Dios no retrocede ante nuestras lágrimas, no se cansa de nuestro cansancio, no se escandaliza de nuestras dudas.

Simplemente se acerca, nos cubre con Su sombra y nos recuerda que Su gracia es suficiente. En los días donde la vida pareció romperte, Su gracia te sostuvo.

En las noches donde el silencio gritaba más fuerte que tus oraciones, Su gracia te abrazó. En los momentos donde sentiste que estabas sola, Su gracia te rodeó con un amor que no suelta. La gracia no se impone; llega suave.

No empuja; invita. No exige; transforma. Ella abre caminos donde solo veías paredes.

Ella enciende luz donde todo era sombra Ella fortalece lo que creías que ya no tenía vida.

Ella restaura lo que tú dabas por perdido. Y aun cuando pensaste que ya no podías más, Dios te miró con ternura y te susurró al corazón:

"Mi poder se perfecciona en tu debilidad. Bajo la sombra de Su gracia aprendemos que no estamos solas, que nuestros procesos no son castigos y que nuestras lágrimas no son desperdicio. Son semillas de un mañana que Dios ya está preparando Descansa bajo Su sombra.

Permite que te cubra. Permite que te sane.

Permite que Su gracia haga en ti lo que tú no puedes hacer sola. Porque cuando la vida pesa, Su gracia levanta. Cuando el corazón tiembla, Su gracia afirma. Y cuando ya

no tienes fuerzas para avanzar, Su gracia te lleva en
Brazos

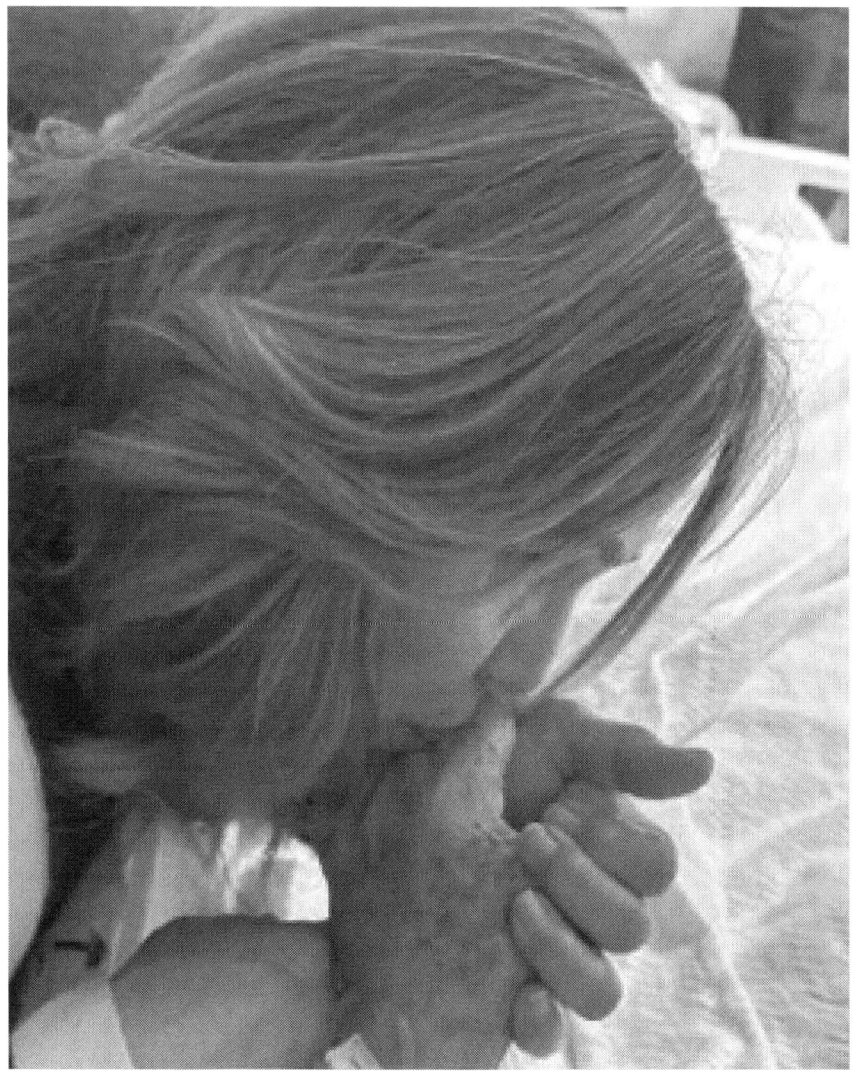

HOMENAJE A MI MADRE

Hay vidas que no necesitan ruido para dejar huellas; solo necesitan amor… y mi madre fue una de ellas.

Su presencia era un refugio, su voz un descanso, sus manos un abrazo que sostenía aun cuando la vida dolía.

Hoy escribo estas líneas desde lo más profundo del corazón, honrando a la mujer que me enseñó a amar a Dios con sinceridad, a caminar con dignidad en medio de la prueba y a creer en la esperanza incluso cuando el cielo parecía callar.

Su partida dejó silencios que ninguna palabra podrá llenar, pero también dejó un legado que seguirá brillando en mí mientras yo tenga aliento.

Mi madre no fue perfecta, pero fue escogida por Dios para enseñarme lo que realmente significa ser fuerte, humilde, generosa y firme en la fe.

Gracias, mamá, por cada oración que elevaste por mí.
Por cada consejo que todavía resuena en mi interior.
Por cada gesto de amor que me enseñó que Dios se refleja en lo cotidiano.
Por cada madrugada en la que te vi confiar, aun cuando el camino era incierto.

Tu vida fue un testimonio.
Tu amor, una herencia.
Tu fe, un faro que sigue alumbrando mi camino.

Hoy te celebro con lágrimas, pero también con paz, porque sé que descansas en el Señor y que tu historia continúa latiendo en mí, en mis hijos y en todo aquel que fue alcanzado por tu dulzura.

Mamá, gracias por haberme criado inquebrantable en las manos del Creador.
Ese será siempre tu legado en mí.

A MIS HIJOS AMADOS

Ustedes dos son la razón por la que cada día vuelvo a levantarme. Son el regalo que Dios me dio para recordarme que, incluso en mis temporadas más oscuras, Él seguía escribiendo esperanza sobre mi vida.

Mis hijos amados, ustedes han visto mis lágrimas, mis batallas, mis silencios y mis días cansados. Han sido testigos de cómo la vida puede sacudir fuerte... pero también han visto cómo Dios siempre me ha sostenido.

Perdónenme por las veces en que quise ser fuerte y no lo logré. Perdónenme por los días en que parecía cansada; no era falta de amor, era falta de fuerzas.

Aun así, ustedes me regalaron motivos para seguir, para creer y para confiar. Dios los escogió a ustedes para mí, y a mí para ustedes. No por casualidad, sino por propósito.

Dios siempre ha estado con nosotros. Incluso en los días en que parecía que no había salida, Él abrió caminos. Incluso en los días en que el corazón tembló, Él nos afirmó.

Ustedes son mis tesoros. Mi mayor oración, mi mejor historia, mi bendición más profunda.

Que en cada paso que den encuentren a Dios primero. Que su fe sea firme, que su corazón sea noble y que su vida esté anclada en la promesa de que el Señor es nuestro refugio y fortaleza.

Y cuando piensen en mí, recuerden esto: su mamá los amó con todo su corazón y, en cada temporada, pidió a Dios que los guardara, los guiara y los hiciera valientes.

.

EN MI DUELO

Hay momentos en la vida en los que el corazón se quiebra tan profundo que una siente que no podrá levantarse jamás. La partida de mi mamá fue ese momento para mí.

Un silencio que dolía, un vacío que pesaba, un duelo que solo Dios podía entender… y aun así, Él no quiso que lo viviera sola.

Dios tuvo misericordia conmigo cuando puso a mi lado a mujeres que fueron abrazo, oración, fortaleza y compañía genuina en mi valle más oscuro. Ustedes —mis amigas de la Iglesia Adventista de Conroe y North Miami Beach— fueron parte del milagro que Dios hizo en mi corazón.

Me sostuvieron cuando mis fuerzas flaquearon.
Me escucharon cuando mis palabras eran lágrimas.
Oraron por mí cuando yo no tenía voz para hacerlo.
Me acompañaron sin juicio, sin prisa, sin condiciones.

En cada mensaje, cada visita, cada silencio compartido, sentí la presencia de Dios a través de ustedes. Sentí Su ternura, Su fidelidad y Su cuidado. Sentí que Él me estaba diciendo:

"No estás sola; te cubro con Mi amor
y te rodeo con mujeres que te aman en Mi nombre."

Gracias por caminar conmigo en esa estación tan frágil. Gracias por ser familia espiritual, por cargar mi dolor como si fuera suyo, por interceder, por sostenerme y por recordarme que la fe no se quiebra cuando la compartimos.

Gracias por cada oración que elevaron cuando mis palabras ya no alcanzaban. Gracias por cada mensaje, cada abrazo y cada silencio compartido que se convirtió en refugio.

Gracias por sostenerme cuando el camino se volvió pesado y por recordarme que Dios siempre obra a través de Su pueblo. Ustedes se convirtieron en mis manos levantadas, mis rodillas firmes y mi apoyo emocional.

Cuando el corazón dolió, ustedes me mostraron el amor de Cristo en acción.

Sus vidas han sido un testimonio vivo del cariño, la unidad y la compasión que debe existir entre hermanas en la fe. No tengo suficientes palabras para describir lo que su presencia significó para mí.

Dios las envió en el momento exacto, con el propósito exacto, para recordarme que Su amor se manifiesta también a través de quienes nos rodean. A cada una de ustedes les guardo un lugar especial en mi corazón y en mi historia.

Que el Señor continúe bendiciendo sus hogares, fortaleciendo su fe y guiando cada uno de sus pasos.

Mi mamá ya descansa en Jesús, pero ustedes fueron parte de la paz que Dios me regaló en su partida. Y eso jamás lo voy a olvidar.

Hoy las bendigo y le pido a Dios que multiplique en sus vidas la misma gracia que derramaron en la mía.

Porque en mi momento más oscuro,
la luz de Cristo me alcanzó a través de ustedes.

GALERÍA ESPIRITUAL DE AGRADECIMIENTOS

Cada fotografía guarda un instante donde Dios habló a mi corazón.
No son imágenes perfectas; son memorias vivas de Su fidelidad.

ORACIÓN FINAL

Señor amado,
gracias por acompañarnos en cada página y en cada silencio del corazón.

Permite que quien haya leído estas líneas encuentre en Ti la paz que el mundo no puede dar, la fortaleza que sostiene en medio de la prueba y la esperanza que florece aun en los valles más oscuros.

Renueva su fe cada día.
Que Tu Espíritu Santo la guíe, la consuele y la transforme.

Que Tu Palabra Sea lámpara en su camino y que la hermosa promesa del pronto regreso de Cristo llene su alma de gozo, certeza y propósito.

Sostén sus pasos, sana sus heridas y recuérdale que en Tus manos siempre será inquebrantable.

En el nombre precioso de Jesús,
Amén.

Pero los que esperan a Jehová tendrán nuevas fuerzas;
levantarán alas como las águilas;
correrán, y no se cansarán;
caminarán, y no se fatigarán.

— Isaías 40:31, RVR196

Made in the USA
Coppell, TX
12 February 2026

70753559R00024